Franca Feslikenian

in cucina con

SALSE E SUGHI

GRIBAUDO

Testi di Franca Feslikenian
Foto di Roberto Gennari & Archivio Gribaudo

Printed in Italy

tel. 0172.381300 fax 0172.389034
edizioni.gribaudo@libero.it

Realizzazione: Ufficio Tecnico Gribaudo
Responsabile del progetto: Stefano Delprete
Progetto grafico: Federico Carlo Peverada
Fotocomposizione e fotolito: ADT grafica, Fossano
Stampa: Stamperia Artistica Nazionale, Torino

Prima edizione 2002 [6(L)] 88-8058-221-6

Premessa

Con una buona salsa potrete condire una pasta asciutta, trasformandola in un piatto da re, ma anche presentare un riso bollito, magari accomodandolo a forma di ciambella e versando il sugo nel buco centrale. Un attimo in forno perché tutto sia ben caldo, ed ecco un piatto in tavola di sicura figura! Le salse che vi proponiamo qui non sono però destinate solo ai primi piatti. Ogni tipo di carne (vitello, pollo disossato, tacchino, e ricordate che con le buone salse si riciclano brillantemente anche gli avanzi) può essere "montato" e presentato come piatto di ottima figura. Basta una salsa... ed un po' di fantasia per decorare! Ed a questo proposito vi diamo qualche segreto. Quanto a salse a base di pesce, queste non si serviranno solo per "montare" ottimi piatti di pesce lessato (nasello, filetti di trota e di platessa, ottimo salmone fresco e merluzzo bollito), ma saranno utilissime per le "coppe all'americana", facili da fare e che si presentano benissimo, in cui preparare cocktail di gamberetti e uovo sodo, o tonno sott'olio, carciofini, olive e capperi, per una preparazione più economica ma di sicuro successo.

I Consigli della Pentola d'Oro

Anche per la bourguignonne

Molte di queste salse vi serviranno per una squisita bourguignonne di carne: potrete usare polpa di vitello, filetto di cavallo, (squisito per queste preparazioni), pollo, tacchino.
Al centro tavola porrete il fornelletto con la pentolina che contiene olio in ebollizione (o brodo in ebollizione se farete la preparazione alla cinese). Ogni commensale infilerà un pezzetto di carne su di uno spiedino, immergendolo poi nel liquido bollente fino a quando sarà cotto a piacere. Intinge poi in una delle salsine scelte. Le salse hanno tre basi: senape, maionese, yogurt. Quest'ultima base rende le salsine leggerissime. Chi però non ama lo yogurt potrà usare la panna da cucina.
Ad ognuna delle tre basi, mescolate (per una tazzina di salsa) come segue:
4 cucchiai di cetriolo fresco tritato ed 1 cucchiaio di pasta di acciughe;
1 cucchiaio da minestra di curry e 2 cucchiai di pasta di salmone;
4 cucchiai di prezzemolo tritato e 2 cucchiai di pinoli pestati;
4 noci pestate e 1 rosso d'uovo crudo;
3 cucchiai di tonno sott'olio passato al setaccio con 2 cucchiai di capperi tritati;
3 cucchiai di pasta di olive e 1 di pasta di acciughe;
4 cucchiai di uova di lompo (succedaneo del caviale);
3 cucchiai di ravanelli tritati e 1 scalogno tritato fine;
4 cucchiai di basilico tritato e 3 spicchi d'aglio tritati;
3 cucchiai di pasta di salmone affumicato e 3 cucchiai di olive nere tritate.
Usando le tre basi indicate avrete così una gamma di 30 salsine dai colori e dai gusti diversi, che vi faranno fare ottime figure con i vostri commensali.

I CONSIGLI DELLA PENTOLA D'ORO

La salsa perfetta

Il segreto della riuscita di qualsiasi salsa cotta è principalmente nella cottura che deve essere effettuata a fuoco lento in modo che la salsa cuocia adagio adagio senza ebollizioni violente che ne comprometterebbero il sapore finale.
Inoltre è essenziale mescolare ininterrottamente con il cucchiaio di legno, prezioso ed insostituibile alleato in ogni preparazione che si rispetti...
Importante, quindi, la scelta degli attrezzi adatti: una casseruola di forma errata può rendere difficile la riuscita della salsa.

Gli utensili

Per la cottura delle salse occorrono casseruole che tengano bene il calore e lo distribuiscano uniformemente. Adattissime perciò le pentole di rame stagnato; l'ideale è il "polsonetto" dalla forma rotondeggiante che permette di mescolare agevolmente non avendo spigoli e dal manico lungo che può essere tenuto in mano agevolmente.
Ugualmente adatto è il "caquelon", sempre in rame, che si usa di solito per la fonduta, ma che è perfetto anche per cuocere le salse.
Non vanno dimenticate le terracotte che mantengono uniformemente il calore e sono indispensabili per i sughi a base di pomodoro i quali richiedono una cottura lunga ma dolcissima.
Indispensabile, come già detto, il cucchiaio di legno per mescolare e la frusta di metallo per le salse da montare, di solito quelle a base di uova. Utile, infine, la reticella spandifiamma per ammorbidire il fuoco e il colino per filtrare salse particolari.

Le cotture sul fuoco

Sia le salse con alla base un "roux" sia quelle con un soffritto con aglio o cipolla, richiedono all'inizio un calore moderato in modo che il "roux" di farina e burro non scurisca e il soffritto non bruci.
La continuazione della cottura deve essere fatta sempre tenendo il fuoco basso. Anche se, per esempio, il sugo di pomodoro fosse troppo liquido, non serve alzare la fiamma, l'acqua infatti evapora sempre alla stessa velocità e si rischia invece che il sugo attacchi e prenda il sapore di bruciato.

Le cotture a bagnomaria

È questa una cottura particolarissima e antica che serve per le salse emulsionate cotte tipo l'olandese e le sue derivazioni. Il principio è semplicissimo: un recipiente piuttosto largo riempito a metà circa di acqua viene posto sul fuoco per portare l'acqua ad ebollizione. Dentro sarà poi collocato un padellino più piccolo che conterrà la salsa che, grazie a questo sistema, viene riscaldata a una temperatura che non supera mai i 100°. Alcune salse, addirittura, prevedono che l'acqua neppure arrivi ad ebollizione per evitare che alcuni ingredienti (l'uovo per esempio) rischino di impazzire.

Bagna Cauda

DIFFICOLTÀ NESSUNA
TEMPO 1 ORA

INGREDIENTI

- burro 100 gr
- olio extra vergine di oliva 1/2 bicch.
- spicchi di aglio 8
- acciughe sotto sale 1/2 kg.
- latte 1 bicchiere
- sale
- panna da cucina 1/2
- verdure crude a piacere

PREPARAZIONE

Mettere a bollire con un poco di latte l'aglio sbucciato e tagliato a fettine in un tegame di coccio per circa 10′. Pulite le acciughe togliendo il sale e la lisca centrale, unitele all'aglio cotto, aggiungendo olio e burro. Cuocete a fuoco basso, rimestando con un cucchiaio di legno, fino a che l'aglio e le acciughe si saranno completamente sfatti; unite la panna e lasciate cuocere per qualche minuto tanto da dare al tutto il tempo di amalgamarsi. Prima di terminare la cottura tagliate le verdure crude che la stagione offre (cardi, ravanelli, cipollotti…) disposti in una insalatiera dai bordi alti. Potete anche preparare delle verdure lessate (patate, rape, cavolfiori, cavolini di Bruxelles, topinamburs) tutti affettati e disposti su un piatto di portata rotondo, alternando i colori.

Béchamel classica

DIFFICOLTÀ MEDIO - ALTA
TEMPO 25 MINUTI

INGREDIENTI

- burro 150 gr
- farina q.b.
- latte q.b.
- sale q.b.

PREPARAZIONE

Sciogliete il burro in una pentoletta, non deve prendere colore. Versate nel burro tanta farina quanta ne serve per formare una palla di pasta, mescolate e aggiungete man mano il latte, proseguendo la mescolatura in modo vigoroso e perché non si formino grumi. Dovrete ottenere, sempre mescolando e a fuoco basso, una crema molto densa. Cuocete per un totale di 20 minuti, regolate di sale. La béchamel bianca, così ottenuta, vi servirà per molte preparazioni. Va sempre fatta al momento.

Varianti:
potrete ottenere béchamel di diversi colori, incorporando,
per la béchamel rossa: un po' di concentrato di pomodoro
per quella rosata: un cucchiaio di paprika dolce
per quella giallina: curry o noce moscata in polvere
per quella verde: 2 cucchiai di prezzemolo o basilico tritato molto fine.

I CONSIGLI DELLA PENTOLA D'ORO

Condire la Béchael

La béchamel è un condimento che possiamo usare anche senza passare nel forno la preparazione.
Occorrerà però diminuire la dose di farina, quando la si prepara, e aumentare in proporzione la dose di formaggio. Una volta scolata la pasta, la si condisce con la béchamel bollente, si mescola e si serve in piatti fondi ben caldi, meglio se in pirofile ben scaldate in forno.

Burro alla meitre d'hotel

DIFFICOLTÀ NESSUNA
TEMPO 1/2 ORA

INGREDIENTI

- burro 150 gr
- prezzemolo
- limone 1
- sale
- pepe

PREPARAZIONE

Togliere il burro dal frigorifero almeno due ore prima dell'inizio della preparazione, mettendolo in una terrina coperta per ammorbidirlo.
Nel frattempo lavate e tritate finemente il prezzemolo, incorporatelo al burro ammorbidito, salate, pepate, aggiungendo il succo del limone.
Cominciate a lavorare il burro finché sia ben amalgamato con il prezzemolo.
Potete poi dare la forma che volete al composto (ad esempio cilindrica) avvolgendolo in un foglio di carta argentata e mettendolo in frigorifero ad indurirsi.
Al momento di portarlo in tavola, toglietelo dal frigorifero, liberatelo dalla carta argentata e tagliatelo a fette.

Burro con uova d'aringa

Difficoltà Nessuna
Tempo 1/2 Ora

INGREDIENTI

- burro 150 gr
- uova di aringa 50 gr.

PREPARAZIONE

Togliere il burro dal frigorifero almeno due ore prima dell'inizio della preparazione, mettendolo in una terrina coperta per ammorbidirlo.
Nel frattempo prendete le uova di aringa, mettetele in una ciotola e cominciate a schiacciarle con una forchetta, continuate finché non siete riuscite ad ammorbidirle.
Montate il burro con l'aiuto di una spatola, per renderlo cremoso, poi incorporatevi le uova di aringa e amalgamate perfettamente.
Solitamente viene utilizzato per fare delle gustose tartine.

Burro e ricotta

Difficoltà Media
Tempo 20 Minuti

INGREDIENTI

- ricotta romana 100 gr
- caprino piccante 1/2
- burro 50 gr
- cucchiaino di senape 1
- cucchiaino di kummel 1
- cipolla piccola 1
- cucchiaini di paprika dolce 2

PREPARAZIONE

Anche questa ricetta è adatta per preparare tartine da antipasto.
Togliere il burro dal frigorifero almeno due ore prima dell'inizio della preparazione, mettendolo in una terrina coperta per ammorbidirlo.
In un altro recipiente mettete la ricotta romana con il caprino piccante e lavorateli a lungo con una forchetta, aggiungete poi il sale ed il pepe, incorporate un cucchiaino di senape piccante ed uno di kummel. Tritate ora la cipolla molto finemente e unitela all'antipasto. Lavorate il burro con una spatola in modo da renderlo cremoso, unite le rimanenti spezie ed incorporate il tutto al resto del preparato.

Carbonara

DIFFICOLTÀ MEDIA
TEMPO 20 MINUTI

INGREDIENTI

- pancetta (dolce o piccante, a piacere) 150 gr.
- tuorli 2
- uova intere 2
- pecorino piccante 80 gr.
- pepe

PREPARAZIONE

In una casseruola fate rosolare la pancetta tagliata a striscioline a fuoco basso. In una terrina mettete 2 tuorli e 2 uova intere, battetele leggermente e unitevi il pecorino piccante grattugiato fine.
Continuate a sbattere con una forchetta per amalgamare bene gli ingredienti.
Questo tipo di condimento si adatta in particolar modo agli spaghetti: dopo averli cotti al dente, scolateli e buttateli ancora caldissimi nella casseruola dove avere rosolato la pancetta, versatevi sopra le uova con il pecorino, mescolate il tutto velocemente, tenendo la padella sulla fiamma per mantenere la pasta calda.
Prima di servire pepate abbondantemente.

Crema al limone

DIFFICOLTÀ NESSUNA
TEMPO 15 MINUTI

INGREDIENTI

- 50 gr di burro
- 50 gr di formaggini
- 1 limone
- sale

PREPARAZIONE

Lasciate per qualche tempo il burro in luogo caldo in modo che si ammorbidisca e poi montatelo a spuma. Unite i formaggini cremosi schiacciati con la forchetta, due cucchiai di succo di limone, un cucchiaino di buccia grattugiata del limone stesso e salate. Servitene per farcire asticciole di sedano o per accompagnare crudité.

Crema di avocado

DIFFICOLTÀ NESSUNA
TEMPO 20 MINUTI

INGREDIENTI

- 1 avocado maturo
- 1/2 cipolla
- 2 cucchiaini di succo di limone
- maionese

- sale
- salsa Worchester

PREPARAZIONE

Dimezzate un avocado maturo. Con un cucchiaio d'argento (non usate altri metalli) raschiate la polpa che schiaccerete poi con una forchetta, sempre d'argento. Unite mezza cipolla tritata molto sottilmente, un po' di succo di limone, qualche goccia di salsa Worchester, un cucchiaio di maionese e salate. Potrete farcire con questo composto quattro mezzi avocado snocciolati e servirli come antipasto, oppure servirlo in salsiera in accompagnamento a pesce lessato.

Crema di noci

DIFFICOLTÀ MEDIA
TEMPO 1 ORA E 1/2

INGREDIENTI

- 400 gr di noci pestate sgusciate
- 2 dl di brodo
- 2 dl di panna
- sale

PREPARAZIONE

Sgusciate le noci cercando di conservare i gherigli il più intatti possibile. Scottatele in acqua bollente: questo vi faciliterà nel compito di sbucciarle. Quando saranno ben mondate dalla pellicina, passatele nel mortaio e pestatele per venti minuti circa aggiungendo qualche cucchiaio di brodo per ammorbidire l'impasto e procedere meglio nel lavoro. Pestate fino ad avere una poltiglia di aspetto cremoso. Passatela in una pentola, stemperatevi il rimanente brodo, salate e cuocete su fiamma bassissima. Quando la crema si sarà alquanto addensata, passatela al setaccio. Rimettete il passato in pentola, unite la panna e cuocete per cinque minuti circa, quel tanto che basta affinché la crema sia ben calda. Servite subito.

Chutney di prugne

DIFFICOLTÀ MEDIA
TEMPO 1 ORA

INGREDIENTI

- 1 kg e 1/2 di prugne
- 1/2 kg di mele renette
- 250 gr di cipolle
- 1/2 kg di uvetta
- 1 litro di buon aceto bianco
- 400 gr di zucchero
- 1 cucchiaino di garofano e 1 di cannella in polvere
- 1 di zenzero
- 1 di spezie miste
- 2 cucchiai di sale
- facoltativa un po' di polvere di chili

PREPARAZIONE

Fate a quarti e snocciolate le prugne. Sbucciate, private del torsolo le renette e poi tritatele finemente. Tritate pure le cipolle e mettete tutto in una terrina assieme alle uvette. In una pentola smaltata mettete a bollire l'aceto con lo zucchero, il garofano, la cannella, lo zenzero, le spezie e il sale. Unite la frutta e le cipolle e lasciate cuocere a fuoco dolcissimo e rimestando spesso, fino ad avere un composto denso. Se vi piacciano i sapori piccanti unite anche un po' di polvere di chili. Versate subito la salsa senza lasciarla raffreddare in vasi di vetro ancora caldi, che avrete prima sterilizzato e asciugato perfettamente. Conservate in luogo fresco. Questa salsa può accompagnare tanto carni fredde o pollame quanto un piatto di formaggio.

Maionese

DIFFICOLTÀ MEDIA
TEMPO 20 MINUTI

INGREDIENTI

- tuorli d'uovo 2
- bicchiere di olio di semi di mais 1
- succo di limone 1
- sale

PREPARAZIONE

Togliete le uova dal frigorifero un'ora prima dell'uso, se l'uovo è freddo la maionese può "impazzire". Separate i tuorli dagli albumi e metteteli in una terrina con un pizzico di sale. Cominciate a sbattere delicatamente i tuorli con una forchetta; il movimento deve essere il più costante possibile per tutta la durata della preparazione. Al posto della forchetta potete usare la frusta elettrica. Appena i tuorli sono amalgamati bene tra loro iniziate a versare l'olio a piccole dosi, continuando a sbattere sempre con la forchetta o con la frusta finché il tutto non prenderà consistenza. Per ultimo incorporate il succo del limone e, se mancasse, aggiungete un poco di sale. A questo punto la maionese è pronta per accompagnare pesce bollito o per decorare i vostri piatti.

Maionese gelatinata

DIFFICOLTÀ MEDIA
TEMPO 20 MINUTI

INGREDIENTI

- dado per gelatina 1
- maionese 1 tazza

PREPARAZIONE

Sciogliere il dado per gelatina rispettando le indicazioni che trovate sulla confezione.
In una terrina mettete la maionese preparata precedentemente; unite, mescolando continuamente, la gelatina liquefatta finché non otterrete una salsa omogenea.
Questo tipo di maionese è indicato per condire dell'insalata russa oppure per decorare carni fredde o pesci lessi.

Pesto classico

DIFFICOLTÀ MEDIA
TEMPO 1 ORA

INGREDIENTI

- basilico freschissimo a foglia piccola 1 mazzo
- pinoli 30 gr
- olio d'oliva q.b.
- gheriglio di noce 1
- sale q.b.
- aglio q.b.
- formaggio grattugiato 1

PREPARAZIONE

La ricetta antica prevede l'uso del mortario di pietra alla ligure e del pestello di legno. Inoltre la noce veniva messa nel mortaio con il guscio, e si doveva lavorare la salsa finché il guscio non era ridotto in polvere e si era amalgamato col resto degli ingredienti.
Proveniente dal vicino Oriente, il pesto è arrivato in Liguria portato dai marinai e dai Saraceni. Le dosi vanno a gusto: c'è chi lo ama con molto aglio, chi con poco e chi senza.
C'è chi lo vuole col parmigiano, chi col pecorino, chi con la ricotta dura e salata dell'entroterra ligure.
Essenziale è avere il basilico profumatissimo a foglia piccola. Ben lavato e asciugato, lo si metteva un tempo nel mortaio e si pestava con tutti gli altri ingredienti, fino ad ottenere una salsa verde scuro, bene emogenea.
Ora, anche in Liguria, il pesto lo si fa nel frullatore, dosando a gusto gli ingredienti. Il consiglio è di assaggiarlo man mano che gli ingredienti si aggiungono, in questo ordine: 1° il basilico, 2° l'olio, 3° i pinoli e il gheriglio di noce, 4° il formaggio grattugaito, ultimo il sale.
Comunque è ora molto facile trovare dell'ottimo pesto prodotto tanto artigianamente quanto dall'industria alimentare.
Il pesto si conserva a lungo, se fresco, anche nel freezer.

Il pesto e il sugo alle vongole.

I CONSIGLI DELLA PENTOLA D'ORO

Olive, pomodoro e Co.

Siamo sempre al capitolo dei sughi veloci. Un po' d'olio e uno spicchio di aglio in un pentolino (poi toglie-te l'aglio una volta brunito).

Soffriggete pian piano con una buona manciata di olive nere, anche "al forno", se vi piacciono.

E unite al soffritto sottili spicchi di pomodoro della qualità "a ramet-to".

Solo se occorre, un cucchiaio di estratto di pomodoro (in tubetto) diluito in poco olio.

Pochi istanti di cottura, e via, a condire un'ottima pasta scolata al dente, del formato preferito.

Ecco due squisite varianti. La prima è fatta aggiungendo in cottura dei pomodori e delle olive, dei pezzetti di pesce al trancio e dei molluschi. Qui la cottura va un po' prolungata per i pezzetti di pesce, mentre i molluschi si aggiungono all'ultimo istante.

Pomodori, sempre "a rametto" e ben maturi. La seconda variante elimina le olive, ma aggiunge una abbondante pizzicata di origano profumatissimo.

Questo condimento si presta anche all'aggiunta eventuale di funghi affettati, e il peperoncino ci stà benissimo!

Ragù

DIFFICOLTÀ MEDIA
TEMPO 3 ORE

INGREDIENTI

- carota 1
- cipolla media 1
- gambo di sedano 1
- pancetta tesa 100 gr
- polpa tritata di vitello e maiale 200 gr
- salsiccia 150 gr
- sugo di pomodoro 400 gr
- bicchiere di vino rosso 1
- olio extra vergine di oliva 3 cucchiai
- sale
- pepe

PREPARAZIONE

Dopo aver lavato le verdure, tritatele assieme alla pancetta; mettete il tutto in una casseruola con l'olio, lasciando rosolare per 5 minuti. Unite la salsiccia spellata e spezzettata e le carni tritate, aggiungete il vino rosso lasciandolo evaporare; quindi aggiungete il sugo di pomodoro. Fate cuocere il sugo lentamente per almeno 2 ore. Se il ragù si asciugasse troppo aggiungete dell'altro vino.A cottura ultimata regolate di sale e pepe. Ideale per tagliatelle all'uovo fresche, ma anche per paste corte rigate.

Ragù ai funghi

DIFFICOLTÀ NESSUNA
TEMPO 2 ORE

INGREDIENTI

- carne di maiale macinata 200 gr
- pancetta tritata 50 gr
- funghi secchi 30 gr
- passata di pomodoro 2 tazze
- erbe aromatiche 1 mazzetto
- cipolla 1

PREPARAZIONE

Tritate la cipolla e le erbe aromatiche e ponetele a rosolare a fiamma bassa con la pancetta tritata. Unitevi poi la carne macinata fine, la passata di pomodoro e infine i funghi, ben lavati e fatti rinvenire in acqua tiepida. Fate sobbollire questo ragù almeno per un'ora e 3/4, a fiamma bassissima.
Deve restare denso e corposo.
In genere non va salato, la pancetta è già saporita di per sé.
Regolatevi a gusto. Condirete con questo ragù spaghetti o tagliatelle a piacere.

Ragù alla Bolognese

DIFFICOLTÀ MEDIA
TEMPO 2 ORE

INGREDIENTI

- polpa macinata (di vitello, cavallo o manzo biologico) 400 gr
- cipolla 1
- burro 120 gr
- vino rosso 1 bicchiere
- concetrato di pomodoro q.b.
- sale q.b.
- pepe q.b.

PREPARAZIONE

Fate rosolare la carne con il burro e la cipolla tritata fine.
Poi bagnate col vino in cui avrete diluito due cucchiai di concentrato di pomodoro.
Fate sobbollire molto lentamente e a lungo, coperto e mescolando di tanto in tanto.
Regolate di sale e pepe al momento di servire.
Serve per condire pasta, lasagne, e per le preparazioni al forno di torte salate e ripieni.

Ragù alla ortolana

DIFFICOLTÀ NESSUNA
TEMPO 1 ORA

INGREDIENTI

- polpa di manzo macinata 300 gr
- carote 2
- sedano 4 gambi
- cipolle 2
- burro 150 gr
- foglie di alloro 4
- vino bianco 1 bicchiere
- dadi 1
- pomodori perini 4

PREPARAZIONE

Fate a tocchetti le verdure e ponetele a rosolare nel burro, con la carne tritata e le foglie di alloro e i pomodori a tocchetti.
Mescolate con cura, poi unite il vino e quando è assorbito aggiungete poco alla volta una tazza di brodo caldo fatto col dado.
Proseguite a cuocere a fiamma bassa, mescolando di tanto in tanto.
Il ragù deve risultare denso e corposo. Ottimo per condire ogni tipo di pasta asciutta.

Ragù al Marsala

Difficoltà Nessuna
Tempo 45 Minuti

INGREDIENTI

- polpa di vitello 30 gr
- fegatini di pollo 130 gr
- pancetta 40 gr
- burro 50 gr
- cipolla 1
- carota 1
- gambo di sedano 1
- pomodori 200 gr
- brodo 1 bicchiere
- Marsala 1/2 bicchiere
- prezzemolo
- noce moscata
- cannella
- sale
- pepe

PREPARAZIONE

Fate soffriggere nel burro cipolla, carota e sedano tritati, quindi aggiungete la cipolla. Quando il soffritto comincia a imbiondire aggiungetevi la carne e i fegatini, rosolandoli con una manciata di prezzemolo. Regolate di sale e pepe. Cominciate a far cuocere, sfumando con il Marsala, aggiungete il brodo e i pomodori pelati. Mescolate e fate cuocere per trenta minuti. Al termine aggiungete la noce moscata e la cannella.

Roux bianco, biondo e bruno

DIFFICOLTÀ NESSUNA
TEMPO 1/2 ORA

INGREDIENTI

- burro 50 gr.
- farina 00 50 gr.

PREPARAZIONE

È molto importante saper preparare bene questa salsa perché è la base di composizione di moltissime salse.
Fate sciogliere il burro in una casseruola a fuoco bassissimo; togliere la casseruola dal fuoco ed unite la farina a pioggia mescolando in continuazione in

modo da amalgamarla perfettamente. Rimettere la casseruola sul fuoco e lasciatelo cuocere per pochi minuti sempre mescolandolo.
Se volete il Roux bianco tenetelo sul fuoco per 2 minuti, se lo volete biondo per 4 minuti, se lo volete bruno per 6 minuti.
A questo punto potete diluire il Roux con dell'acqua se volete una salsa molto delicata, con del latte per fare una bechamel, con del brodo di carne o di pesce per una salsa più elaborata.
Per qualsiasi tipo di liquido da voi usato seguite le medesime regole: il liquido deve essere molto caldo e va aggiunto molto lentamente mescolando in continuazione.

I CONSIGLI DELLA PENTOLA D'ORO

I "fondi di cottura"

Sono detti anche ROUX, e qui è riportata la ricetta di quello bianco. Sono veramente utili in tante preparazioni: per esempio come base per la cottura di fettine di pollo e di tacchino, che hanno bisogno di una base morbida, perché per loro natura sono carni asciutte, e sono utilissimi anche per le fettine di lonza e di maiale. Il roux bianco è la base di ogni altro roux: per averlo di colore bruno userete brodo concentrato, per averlo di colore rosso userete il vino. A seconda della preparazione, vi regolerete su quale roux usare, tenete presente però che per rendere morbide e corpose le salse è preferibile usare quello bianco.

Salsa ai carciofi

Difficoltà Media
Tempo 1 Ora

INGREDIENTI

- 2 carciofi
- succo di limone
- tuorli 4
- olio 1 bicchiere
- funghetti sott'olio 50 gr
- olive snocciolate 50 gr
- capperi 20 gr
- poco prezzemolo
- aglio
- sale
- pepe
- cognac facoltativo

PREPARAZIONE

Pulite benissimo i carciofi, privateli delle foglie dure e lessateli in poca acqua acidulata con succo di limone; poi scolateli e tritateli finemente, infine passateli al frullatore in modo da avere un composto più liscio possibile: sarete aiutati lessando a lungo i carciofi perché siano ben teneri e scegliendo la qualità "riviera". Mettete il trito in una ciotola, iniziate a incorporarvi un tuorlo alla volta, unendo goccia a goccia l'olio e lavorando come per fare una maionese. Unite i funghetti tritati, le olive verdi snocciolate e tritate fini, i capperi tritati finissimi, prezzemolo e aglio pestati. Lavorate finché la crema è omogenea e se volete aiutatevi con una frusta elettrica. Se la salsa fosse troppo densa, allungatela con poco cognac. Regolate infine di sale e pepe e ponete in salsiera: conservate la salsa in luogo fresco, ma non in frigorifero, fino al momento di servire.

Salsa aioli

Difficoltà Media
Tempo1/2 Ora

INGREDIENTI

- aglio 4 spicchi
- sale
- tuorlo d'uovo 1
- olio di oliva 1/2 bicchiere di

PREPARAZIONE

La caratteristica principale di questa salsa è di essere a base di aglio. Prendete 4 spicchi d'aglio, puliteli e pestateli a lungo in un mortaio con un pizzico di sale. Se non avete il mortaio potete passarli nel tritaprezzemolo: l'importante è che vengano ridotti quasi in pasta. Metteteli in una terrina e aggiungete un tuorlo d'uovo fresco. Ricordatevi di togliere l'uovo dal frigorifero un'ora prima dell'uso: se è freddo ha difficoltà a montare. Mescolate con la frusta il tuorlo all'aglio e poi cominciate a versare l'olio molto lentamente, ma continuando a battere. Incorporate l'olio goccia a goccia all'inizio, come fate di solito con la maionese, poi quando vedete che la salsa comincia a montare potete aggiungerlo in quantità superiore fino ad ottenere una salsa ben densa. Servite questa salsa con qualsiasi tipo di pesce, sia bollito che arrosto.

Salsa al cognac

DIFFICOLTÀ MEDIA
TEMPO 1/2 ORA

INGREDIENTI

- farina 30 gr
- burro 30 gr
- latte 1 tazza
- brandy 1 bicchierino
- sale
- pepe

PREPARAZIONE

Tagliate il burro a tocchetti, ponetelo in una casseruola e fatelo fondere a fiamma bassa. Quando comincia a schiumare unite la farina, allontanando la casseruola dal fuoco per un attimo; mescolate velocemente e poi cominciate a diluire con il latte caldo. Lo dovete versare lentamente e amalgamarlo poco a poco, usando per mescolare un cucchiaio di legno. Avrete così ottenuto una classica béchamel. Fatela cuocere per 20 minuti continuando a mescolarla delicatamente. A questo punto aggiungete alla salsa il pepe e il bicchierino di brandy. Amalgamate bene gli ingredienti e assaggiate: nel caso aggiungete un pizzico di sale. Questa salsa va servita calda versata sopra a piccioni, quaglie o fagiano arrostiti.

Salsa ai gamberetti

DIFFICOLTÀ MEDIA
TEMPO 40 MINUTI

INGREDIENTI

- gamberetti 300 gr
- burro 60 gr
- farina 00 1/2 cucchiaio
- acqua 1/2 litro
- passata di pomodoro 3 cucchiai
- vino bianco 1/2 bicchiere
- sale
- pepe

PREPARAZIONE

Lavate bene i gamberetti e metteteli in un pentolino con l'acqua fredda e portate ad ebollizione. Lasciateli cuocere per 5 minuti così otterrete un po' di brodo di pesce che utilizzerete più avanti.
Scolate i gamberetti, sgusciateli e teneteli da parte.
In una casseruola fate sciogliere metà del burro a fuoco molto lento, unite la farina a pioggia mescolando in continuazione.
Diluite la salsa con una tazza di brodo di pesce tenuto in caldo, aggiungete la salsa di pomodoro e mescolate fino ad ottenere una salsa omogenea, continuate la cottura a fuoco lento per circa 15 minuti
In un'altra casseruola fate rosolare a fuoco basso i gamberetti insieme al burro rimasto, aggiungete il vino bianco e fatelo evaporare.
Versate sui gamberetti la salsa preparata con il brodo di pesce, salate, pepate e lasciate cuocere la salsa per ancora 10 minuti.

Salsa ai granchi

DIFFICOLTÀ NESSUNA
TEMPO 1/2 ORA

INGREDIENTI

- granchio 80gr
- pasta d'acciughe 2 cucchiai
- burro 30 gr
- olio di oliva 1 cucchiaio
- spicchio d'aglio 1
- passata di pomodoro 1 tazza
- prezzemolo 1 mazzetto

PREPARAZIONE

Mettete in una casseruola il burro, l'olio e lo spicchio d'aglio schiacciato e fate rosolare a fuoco basso.
Togliete l'aglio comincia a prendere colore e aggiungete la pasta d'acciughe, fatela sciogliere diluendola con la passata di pomodoro.
Fate cuocere per 15 minuti circa; alla fine aggiungete il granchio ed il prezzemolo tritato e lasciate sul fuoco ancora pochi minuti.

I CONSIGLI DELLA PENTOLA D'ORO

I segreti della presentazione

Come si monta un piatto
Se dovete presentare un piatto coperto di salsa (pesce lessato, vitello tonnè, ecc.) adagiate sul piatto da portata un "letto" di lattuga ben lavata ed asciugata, sul quale disporre le fette od i pezzi a piacere. Poi stendete un primo velo di salsa, lasciando che coli da solo su tutta la superficie. Completerete con un secondo velo, per "rifinire" a dovere!
Come si decora: sopra la salsa, potrete decorare con fiori fatti con cetriolini tagliati in quattro, con ravanelli tagliati a rosa, con sottaceti a piacere. Ma anche con ciuffetti di prezzemolo ben puliti, olive, bucce di limone tagliate a spirale. Una decorazione eccezionale del vitello tonnè è quella realizzata con le fragoline di bosco o con le fragolone divise in due: il gusto delle fragole si adatta a meraviglia al gusto della salsa tonnè e la decorazione è di grandissimo prestigio.
Foglie di lattuga o foglie verdi: le useremo, ben lavate ed asciugate, come base sui piatti da portata, ma anche per foderare le coppe destinate alle insalate alla americana.
Le uova si sgusciano male? Mettetele subito, appena cotte, in acqua fredda, battendole leggermente alla estremità. Si sgusceranno poi, una volta fredde, alla perfezione.

Salsa al curry

DIFFICOLTÀ MEDIA
TEMPO 1/2 ORA

INGREDIENTI

- burro 50 gr
- cipolla media 1
- cucchiaio di farina 1
- cucchiaini di curry in polvere 2
- brodo 1 tazza
- sale

PREPARAZIONE

Tritate molto finemente la cipolla e rosolatela assieme al burro a fuoco molto basso; unite poi la farina mescolando energicamente in modo da non formare grumi. Unite il curry e diluite il tutto aggiungendo lentamente il brodo caldo.
Fate cuocere per almeno 20 minuti a fuoco moderato. Al termine della cottura aggiungete un poco di sale.
Questa salsa è ottima per condire il riso, può anche essere utilizzata per condire tutte le carni bianche.

Salsa al gorgonzola

DIFFICOLTÀ NESSUNA
TEMPO 20 MINUTI

INGREDIENTI

- gorgonzola dolce 50 gr
- gorgonzola piccante 80 gr
- burro 50 gr
- panna 4 cucchiai
- brandy 1 bicchierino

PREPARAZIONE

Tagliate a piccoli pezzi il gorgonzola dolce e quello piccante.
Metteteli in una terrina e lavorateli con una forchetta; aggiungete metà del burro mescolando con un cucchiaio di legno fino ad ottenere una crema omogenea.

Ponete il restante burro in una casseruola facendolo sciogliere, aggiungete la crema di gorgonzola e burro e fate cuocere a fuoco lento per pochi minuti.
Diluite il tutto con la panna ed alla fine aggiungete un bicchierino di brandy.

I CONSIGLI DELLA PENTOLA D'ORO

Veloce e squisito

Ecco un condimento veloce e squisito: battete due uova intere (chiara e tuorlo) con parmigiano grattugiato. Unitevi pepe o peperoncino a gusto.
Rosolate in olio dei dadini di prosciutto (se preferite potrete sostituirlo con gamberetti, per un sugo al gusto di pesce).
Scolate la pasta al dente, mescolatela al soffritto con il prosciutto, unitevi le uova sbattute col parmigiano e servite molto caldo in tavola.

Salsa alle nocciole

DIFFICOLTÀ NESSUNA
TEMPO 1/2 ORA

INGREDIENTI

- olio di oliva 2 cucchiai
- spicchio d'aglio 1
- nocciole 100 gr
- acciuga 1
- parmigiano grattugiato 2 cucchiai

PREPARAZIONE

Fate soffriggere lo spicchio d'aglio schiacciato nell'olio; quando ha preso colore toglietelo ed aggiungete l'acciuga pulita e tagliata a pezzetti.
Fatela sciogliere aiutandovi con una forchetta amalgamando bene il composto ottenuto.
A parte grattugiate le nocciole ed unitele al parmigiano.
Mescolate il tutto amalgamandolo molto bene utilizzando un cucchiaio di legno.

Salsa alla finanziera

DIFFICOLTÀ MEDIA
TEMPO 1 ORA

INGREDIENTI

- prosciutto crudo 50 gr
- fegatini di pollo 50 gr
- funghi freschi 100 gr
- passata di pomodoro 1 tazza
- burro 30 gr
- vino rosso secco 1/2 bicchiere
- prezzemolo 1 mazzetto
- cipolla 1/2
- sale
- pepe

PREPARAZIONE

In una casseruola mettete la cipolla tritata, il prosciutto a strisce sottili ed il burro; fate cuocere a fuoco basso per circa 10 minuti.
Aggiungete i funghi tagliati a fette e lasciate cuocere per pochi minuti mescolando con un cucchiaio di legno.

Unite i fegatini di pollo tritati grossolanamente, la passata di pomodoro e un po' di pepe. Mescolate bene, alzate il fuoco e portate ad ebollizione; lasciatelo bollire per circa 1/2 minuto, riabbassate il fuoco e cuocete per 1/2 d'ora circa mescolando in continuazione. Fate ridurre a metà il vino rosso in un piccolo tegame ed aggiungetelo alla salsa facendola cuocere per altri 5 minuti. A cottura ultimata unite il prezzemolo.
Questa salsa è indicata per le tagliatelle fresche.

Salsa alle erbe

Difficoltà Nessuna
Tempo 45 Minuti

INGREDIENTI

- pomodori 200 gr
- cipollina 1
- aglio 1 spicchio
- salvia 6 foglie
- basilico 1 rametto
- carota 1
- sedano 1 costa
- alloro 1 foglia
- vino rosso 3 cucchiai
- olio extravergine d'oliva 3 cucchiai

PREPARAZIONE

Togliete la pellicina e i semi ai pomodori e tritate grossolanamente la polpa. Tritate cipolla, aglio, carota e tutti gli aromi tranne l'alloro che va spezzettato. Mettete nella casseruolina cipolla, aglio, un cucchiaio di olio e qualche cucchiaio di acqua e cuocete a fuoco moderato finché la cipolla è morbida. Unite gli altri ingredienti preparati, il vino e altrettanta acqua e cuocete a fuoco moderato, mescolando spesso, fino a quando il tutto si è ammorbidito. Aggiungete ora il pomodoro e proseguite la cottura per circa 30 minuti, aggiungendo se occorre qualche cucchiaio d'acqua. Amalgamate alla fine l'olio tenuto da parte. Ha un'ottima resa ed è molto adatta per condire la pasta e il riso.

Salsa alla mela

DIFFICOLTÀ NESSUNA
TEMPO 15 MINUTI

INGREDIENTI

- mela 1
- fontina 100 gr
- prosciutto cotto 50 gr
- noci 30 gr
- olio di oliva 4 cucchiai
- sale
- pepe

PREPARAZIONE

Pelate una grossa mela, tagliatela a dadini e mettetela in una terrina, poi aggiungetevi la fontina tagliata a cubetti, il prosciutto cotto tagliato a listerelle e le noci sgusciate e tritate grossolanamente. A questo punto condite con olio, sale, pepe e il succo di mezzo limone, mescolate bene e poi versate sul riso bollito e ben scolato.

Salsa alla senape

DIFFICOLTÀ MEDIA
TEMPO 50 MINUTI

INGREDIENTI

- senape forte 1 cucchiaio e 1/2
- vino bianco 1 bicchiere scarso
- limone 1/2
- tuorli d'uovo 3
- burro 200 gr
- 1 punta di farina o Maizena
- sale
- pepe

PREPARAZIONE

Diluite la senape con il vino bianco, mescolate e lasciate riposare per circa 20 minuti. A parte, in una pirofila, battete i tuorli d'uovo, aggiungete il succo di mezzo limone, salate, pepate e infine unite la senape con il vino, 70 grammi circa di burro a pezzetti e una puntina di farina o Maizena. Mettete sul fuoco una pentola capace contenente acqua, sopra ponete la pirofila con il composto e fate cuocere a bagnomaria, lavorandolo con la frusta. Quando il burro sarà completamente assorbito, aggiungete altri 70 grammi sempre a pezzetti, mescolate ancora facendo attenzione che la salsa non raggiunga il bollore. Una volta assorbita anche questa dose di burro, aggiungete la rimanenza sempre mescolando fino a quando otterrete la consistenza di una maionese. Con il sistema di cottura a bagnomaria la salsa non corre il rischio di impazzire; se però accennasse a scomporsi allontanatela dal fuoco e insistete a mescolare con la frusta dopo aver aggiunto una cucchiaiata di acqua ghiacciata. Questa salsa può essere fatta anche con l'aggiunta di foglioline di timo messe nel vino al posto della senape. È ideale per pesci lessati e uova.

Salsa bianca piccante

DIFFICOLTÀ MEDIA
TEMPO 1 ORA

INGREDIENTI

- capperi 2 cucchiai
- acciuga 1 filetto
- limone 1/2
- burro 30 gr
- farina 30 gr
- brodo 1 tazza

PREPARAZIONE

Per prima cosa dovete preparare una tazza di brodo, anche con il dado, e dovete tenere il liquido caldo a portata di mano. In una casseruola fate sciogliere il burro, a fuoco basso, aggiungete la farina mescolando velocemente (fate cuocere per non più di un minuto), poi diluite con il brodo caldo, facendo attenzione per evitare la formazione di grumi. Il segreto per ovviare a questo inconveniente è di usare il brodo molto caldo e di mescolare velocemente e con energia. Fate cuocere questa salsa per almeno 20 minuti, mescolando spesso e tenendo la fiamma al minimo. Intanto preparate il filetto di acciuga ben pulito, a cui aggiungerete un cucchiaino di capperi; tritateli finemente, trasferiteli in una terrina e bagnate con il succo di mezzo limone. Lavorate un po' questo trito con una forchetta per ammorbidirlo. Quando la salsa bianca sarà pronta vi aggiungerete il trito di capperi e di acciughe, mescolando bene per amalgamare completamente. Servite la salsa in salsiera per accompagnare carne di vitello o di pollo sia arrosto che bollita.

Salsa al mascarpone

DIFFICOLTÀ NESSUNA
TEMPO 1/2 ORA

INGREDIENTI

- mascarpone 80gr
- prosciutto crudo 50 gr
- tuorlo d'uovo 1
- parmigiano grattugiato 2 cucchiai
- sale
- pepe

PREPARAZIONE

Amalgamate il mascarpone con il tuorlo d'uovo, aggiungete poi il prosciutto crudo tagliato a striscioline, il parmigiano grattugiato, sale e pepe.
Mescolate gli ingredienti allungando il composto con un cucchiaio di acqua bollente.
Lavorare la salsa a lungo con un cucchiaio di legno fino a renderla soffice.

I CONSIGLI DELLA PENTOLA D'ORO

Anche l'occhio...vuole la sua parte

Colore in tavola, colore nei piatti. Forse anche per questo il mangiare "in bianco" ci fa pensare a una cucina per malati, poco gustosa!
I cuochi sanno come il colore non solo porti allegria, ma stimoli le papille gustitive. Ecco perché non vi presenteremo mai degli gnocchi verdi con una salsa verde al pesto, ottima invece anche dal punto di vista cromatico con gnocchi bianchi, e vi presenteremo per gli gnocchi verdi una salsina rosata, come quella proposta, che frulla insieme pomodoro passato, panna e parmigiano (o pecorino se preferite un sapore più robusto e deciso).

Ecco come addobbare un piatto. Molti colori e una cura particolare per ogni elemento.

Salsa al pollo

DIFFICOLTÀ MEDIA
TEMPO 20 MINUTI

INGREDIENTI

- salsa Roux bruna 1 tazza
- vino bianco secco 1/2 bicchiere
- petto di pollo arrosto 1
- prosciutto cotto in una fetta unica 80 gr
- uovo 1
- panna 4 cucchiai
- noce moscata
- sale
- pepe

PREPARAZIONE

Potete fare questa salsa per utilizzare del pollo arrosto avanzato.
In una casseruola piuttosto grande mettete la salsa Roux bruna diluendola con il vino bianco secco, lasciate cuocere a fuoco basso per qualche minuto in modo da far asciugare il vino.
Aggiungete poi il petto di pollo arrosto e il prosciutto cotto che avrete tagliato a listelli in precedenza.
Lasciate insaporire per qualche minuto, aggiungete la panna mescolando molto lentamente e fatela asciugare a fuoco lento.
Continuate a rigirare la salsa facendo attenzione che non si attacchi sul fondo della casseruola.
Quando la salsa è quasi pronta salate, pepate ed aggiungete una spolverata di noce moscata.
Fate cuocere le tagliatelle, scolate al dente e buttatele nella casseruola del sugo mescolando velocemente; prima di servire in tavola unite un uovo intero amalgamando bene la pasta.

Salsa al vino rosso

DIFFICOLTÀ MEDIA
TEMPO 40 MINUTI

INGREDIENTI

- brodo 1 tazza
- vino rosso 1 bicchiere
- alloro 1 foglia
- cipolla tritata 1 cucchiaio
- prezzemolo tritato 1 cucchiaio
- dado 1
- burro 50 gr
- farina 00 50 gr
- sale
- pepe

PREPARAZIONE

Preparare un brodo fatto con il dado (circa 1 litro), unite un bicchiere abbondante di vino rosso corposo e lasciateli bollire molto lentamente per qualche minuto; unite l 'alloro, la cipolla tritata, il prezzemolo, il sale ed il pepe. Prendete una casseruola e fatevi fondere il burro a fuocolento, aggiungete la farina mescolando bene per evitare la formazione di grumi. Amalgamate bene il tutto finché non diventa una pastella omogenea; cominciate a diluire con il brodo caldo mescolando continuamente. Lasciate cuocere per circa 30 minuti a fuoco basso fino ad ottenere una salsa densa.

Salsa Aurora

DIFFICOLTÀ MEDIA
TEMPO 1/2 ORA

INGREDIENTI

- burro 50 gr
- cucchiaio di farina 1
- salsa di pomodoro 50 gr
- brodo 1 tazza
- sale

PARAZIONE

In una casseruola antiaderente fate sciogliere il burro a fuoco lento, aggiungete poi la farina mescolando velocemente con un cucchiaio di legno in modo da evitare la formazione di grumi. Quando il tutto sarà ben amalgamato aggiungete lentamente il brodo lasciando cuocere per 10 minuti.
Successivamente unite la salsa di pomodoro e cuocere per almeno 20 minuti a fuoco moderato. Al termine della cottura aggiungete un poco di sale.

Salsa champagne per pesci e uova

DIFFICOLTÀ NESSUNA
TEMPO 20 MINUTI

INGREDIENTI

- burro 30 gr
- fontina 30 gr
- champagne 1 bicchiere circa di (può essere sostituito da vino bianco secco)
- sale
- rafano

PREPARAZIONE

Sciogliete in un tegamino il burro e mettetevi ad imbiondire la farina, mescolando per non fare grumi. Quando questi due elementi sono bene amalgamati, unite, sempre mescolando, tanto champagne quanto ne occorre per dare al composto la consistenza di una salsa. Salate, lasciate cuocere 5 minuti, togliete dal fuoco il pentolino e unitevi una bella cucchiaiata di rafano appena grattato.

Salsa Chantilly

DIFFICOLTÀ NESSUNA
TEMPO 15 MINUTI

INGREDIENTI

- maionese 8 cucchiai
- panna montata 2 cucchiai

PREPARAZIONE

Questa salsa si prepara in fretta, basta prendere della maionese appena fatta, oppure quella confezionata in barattoli. Trasferite la maionese in una terrina e aggiungetevi poco per volta della panna montata, incorporandola molto delicatamente. Non aggiungete altra panna se la precedente non è ben amalgamata. Otterrete una salsa molto delicata con cui potrete arricchire un piatto di verdure cotte, come cavolfiori, carote e asparagi. Per le proporzioni regolatevi così: 4 cucchiai di maionese per 1 cucchiaio di panna montata al momento.

Salsa Colbert

DIFFICOLTÀ NESSUNA
TEMPO 15 MINUTI

INGREDIENTI

- burro freschissimo 200 gr
- prezzemolo 20 gr
- limone 1
- estratto di carne 1 cucchiaio
- noce moscata

PREPARAZIONE

Mettete il burro in una terrina e con un cucchiaio di legno lavoratelo fino a renderlo spumoso, poi unite il prezzemolo tritato, il succo di un limone e una grattatina di noce moscata. Mettete in una pentola sul fuoco mezzo bicchiere d'acqua e un cucchiaio di carne; fate bollire per 5 minuti poi, tenendo il recipiente in un altro a bagnomaria, incorporate il burro preparato in precedenza mescolando sempre energicamente e facendo attenzione che la salsa non abbia a bollire. Alla fine aggiungete un cucchiaino di acqua ghiacciata.

Salsa con acciughe

DIFFICOLTÀ NESSUNA
TEMPO 20 MINUTI

INGREDIENTI

- olive nere 10
- acciughe intere 2
- aceto 1 cucchiaio
- olio di oliva 5 cucchiai
- pepe

PREPARAZIONE

Pulite i filetti di acciughe, lavandoli velocemente con acqua e togliendo le lische, poi tritateli finemente e trasferiteli in una terrina.
Bagnate le acciughe con un cucchiaio di aceto e lavorate un po' con una forchetta: l'aceto scioglierà leggermente il trito. Prendete ora le olive nere, snocciolatele e tritatele molto bene, poi aggiungetele alle acciughe.
Macinate un po' di pepe e poi unitelo al resto, amalgamate con cura e per ultimo versate l'olio d'oliva, meglio se extravergine, un poco alla volta, lavorando continuamente il composto.
Dovrete ottenere una salsa densa e saporita, ideale per accompagnare vitello e petti di pollo alla griglia.

La salsa Aurora.

Salsa con le noci

DIFFICOLTÀ MEDIA
TEMPO 1 ORA

INGREDIENTI

- noci sgusciate 100 gr
- béchamel 1 tazza
- tuorlo d'uovo 1
- parmigiano grattato 2 cucchiai

PREPARAZIONE

Rompete le noci e mettete per qualche minuti i gherigli in acqua calda; togliete le pellicine e tritateli molto finemente.
In una casseruola versate la béchamel, unitevi le noci tritate ed il tuorlo d'uovo mescolando con un cucchiaio di legno fino a far diventare una crema omogenea.
A questo punto mettete la casseruola sul fuoco, tenendo la fiamma bassa, lasciate cuocere per 10 minuti mescolando.
All'ultimo momento unite il parmigiano grattugiato.

Salsa Verde

DIFFICOLTÀ MEDIA
TEMPO 1/2 ORA

INGREDIENTI

- prezzemolo 1 mazzo
- filetti di acciuga 3
- mollica di 1 panino
- uovo sodo 1
- olio d'oliva q.b.
- sale q.b.
- pepe q.b.

PREPARAZIONE

Bagnate la mollica di un panino con acqua, strizzatele e ponetele in una scodella capace. Unitevi l'uovo sbriciolato fine e i filetti di acciuga tritati fini.
Lavorate con un cucchiaio di legno fino a ottenere un composto cremoso, e aggiungendo poco alla volta un po' di olio.
Tritate finissimo il prezzemolo, incorporatelo alla crema e mescolate. Regolate di sale e pepe e se occorre unite altro olio.
Facoltativo e a gusto un po' di aceto aromatico.
Si usa su carni lesse, bollito, cacciagione e su crostini per antipasto.

Salsa diablotin

Difficoltà Nessuna
Tempo 20 Minuti

INGREDIENTI

- scalogni 2
- vino rosso robusto 1 bicchiere
- aceto 2 cucchiai
- farina 3 cucchiai
- tuorli 2
- peperoncino rosso un pizzico
- brandy 1 bicchierino

PREPARAZIONE

Mettete gli scalogni ben tritati in una casseruola, unitevi vino e aceto, ponete a fuoco vivo e fate bollire scoperto, finché il liquido si sia ridotto a metà circa. Passate tutto al frullatore, poi unite tre cucchiai di farina e rimettete nel pentolino, rimestando di continuo finché la salsa non è omogenea.
Togliete ora dal fuoco, lavorate ancora con il cucchiaio di legno e incorporate i tuorli, il peperoncino e il brandy.
Tenete in caldo la salsa, anche in salsiera, fino al momento di servire in tavola.

Salsa di ciliegie

Difficoltà Media
Tempo 20 Minuti

INGREDIENTI

- ciliegie sciroppate 300 gr
- arancia 1
- Marsala dolce 1 bicchiere
- gelatina di ribes 100 gr
- cannella in polvere

PREPARAZIONE

Questa salsa è nata per accompagnare il daino che però potrà essere benissimo sostituito da un filetto di maiale, più abbordabile ma non certo meno gustoso.
Asportate la parte gialla della buccia di una arancia, ritagliatela a fiammifero e mettetela in un pentolino con il Marsala e il succo dell'arancia. Lasciate cuocere a fuoco dolce fino a che il liquido si sarà ridotto alla metà. Aggiungete un pizzico di cannella in polvere e la gelatina di ribes. Quando questa si sarà sciolta, colate le ciliegie dal loro sciroppo e unitele al resto. Dopo il primo bollore travasate in salsiera e servite.

Salsa di magro

DIFFICOLTÀ NESSUNA
TEMPO 15 MINUTI

INGREDIENTI

- tonno 100 gr
- capperi 30 gr
- acciughe 30 gr
- uovo 1
- limone 1
- olio d'oliva 1/2 bicchiere

PREPARAZIONE

Rassodate un uovo, sgusciatelo e separate il tuorlo dall'albume. Passate il tonno e le acciughe, precedentemente dissalate e diliscate, al tritatutto assieme ai capperi che avrete sciacquati e ben sgocciolati. Unite il tuorlo d'uovo sodo e amalgamatelo schiacciandolo bene; diluite ora con mezzo bicchiere circa di olio d'oliva versato a filo e con il succo di 1 limone. Mescolate amalgamando bene il composto per qualche minuto. È ottima con le uova sode alle quali conferisce un diverso sapore, con il riso in insalata, per farcire pomodori sia crudi che cotti, per condire e accompagnare verdure lessate. Una variante consiste nel rendere più "importante" la salsa usando del salmone in scatola o fresco al posto del tonno.

Salsa di mirtilli

DIFFICOLTÀ NESSUNA
TEMPO 1/2 ORA

INGREDIENTI

- mirtilli rossi 250 gr
- zucchero a piacere

PREPARAZIONE

La salsa di mirtilli o "cranberry sauce" è diffusissima negli Stati Uniti dove si trova anche venduta in barattoli e viene usata per accompagnare il tradizionale tacchino arrosto. Lavate bene i mirtilli, liberateli in pentola smaltata.
Aggiungete l'acqua e lasciate cuocere qualche minuto a recipiente coperto.
Estraete i mirtilli con il mestolo forato, colateli bene e poi, pochi alla volta, passateli al setaccio fine. Rimettete in pentola il passato, diluitelo con l'acqua di cottura aggiungendone un cucchiaio alla volta per arrivare a dare alla salsa la densità desiderata; aggiungete lo zucchero, anche questo poco alla volta poiché non si può dare una misura precisa: infatti la quantità da incorporare varierà secondo i gusti.

Salsa di prugne

DIFFICOLTÀ MEDIA
TEMPO 1 ORA

INGREDIENTI

- cipolla 1/2
- prosciutto crudo 30 gr
- burro 30 gr
- aceto 1/2 bicchiere
- prugne secche
- sale
- lauro
- timo

PREPARAZIONE

Si usa come accompagnamento a un piatto di lombatine di maiale. Mettete a rosolare, su fuoco moderato, mezza cipolla tritata, un pezzetto di prosciutto tritato e una noce di burro. Quando la cipolla sarà bionda ma non troppo colorita, spruzzate con aceto di cui lascerete evaporare circa la metà. Aggiungete le prugne che nel frattempo avrete fatto rinvenire in acqua tiepida e snocciolate. Allungate con acqua sufficiente a ricoprirle; salate e unite un pezzetto di foglia di lauro. Lasciate cuocere coperto su fuoco dolcissimo fino a che le prugne tenderanno a sfarsi. Se lo gradite potrete aggiungere un pochino di estratto, ma non è indispensabile. Passate ora le prugne al setaccio e ammorbiditele bene con il loro sugo di cottura. Con questa gustosissima salsetta potrete ricoprire lombatine di maiale.

Salsa esotica Pili Pili

DIFFICOLTÀ NESSUNA
TEMPO 15 MINUTI

INGREDIENTI

- peperoncini rossi piccoli 20
- sale grosso 2 cucchiai
- zucchero non raffinato 1 cucchiaio
- olio

PREPARAZIONE

Questa salsa orientale è da usare in piccolissime quantità, per dare tono ai piatti poco invitanti. Mettete venti piccoli peperoncini rossi essiccati in un vaso di vetro; cospargeteli con due cucchiai di sale grosso e un cucchiaio di zucchero (meglio se userete quello non raffinato). Bagnate con aceto bianco quel tanto che basti a ricoprire completamente i peperoncini, poi uno strato d'olio di un centimetro circa, in modo da isolare il contenuto dal contatto con l'aria. Coprite e lasciate macerare alme-

no cinque o sei giorni. Ovviamente più lo lascerete macerare e più il Pili Pili diventerà piccante. Lo si serve con il riso alla creola, con il cuos cuos o anche con il pesce crudo secondo l'usanza giapponese.

Salsa al Whisky

DIFFICOLTÀ MEDIA
TEMPO 1/2 ORA

INGREDIENTI

- prezzemolo 1 manciata
- aglio 2 spicchi
- cipollina 1
- dragoncello 1 pizzico
- burro 1 noce
- farina 2 cucchiai
- poco latte
- panna 1/2 bicchiere
- tuorli d'uovo 2
- sale
- pepe
- whisky 1 bicchierino
- senape chiara francese 2 cucchiaini

PREPARAZIONE

Tritate molto finemente il prezzemolo con l'aglio, unite la cipollina pure tritata e il dragoncello: fate rosolare a fiamma bassa il tutto con una noce di burro, poi unite la farina stemperata con poco latte: lavorate fino ad avere un composto liscio. Unite a questo punto la panna, continuate a lavorare a fiamma molto bassa, poi togliete dal fuoco. Frustate la salsa con una frusta a mano o elettrica, unite uno alla volta i tuorli, poi un pizzico di sale e pepe a gusto.
Rimettete a fuoco a bagnomaria, immergendo la pentolina in un altro recipiente più grande, pieno a metà di acqua in ebollizione. Non smettete di rimestare. Unite un po' alla volta il whisky e in ultimo due cucchiaini di senape chiara francese.
Togliete dal fuoco e tenete in luogo caldo fino al momento di servire.

La classica salsa verde

Salsa di cipolle

DIFFICOLTÀ NESSUNA
TEMPO 1/2 ORA

INGREDIENTI

- cipolle bianche grosse 3
- olio extra vergine di oliva 4 cucchiai
- latte 1/2 litro
- sale
- pepe

PREPARAZIONE

Affettate le cipolle ad anelli e mettetele in una padella capiente con un po' d'acqua, sale e 3 cucchiai di olio a pentola coperto per 10 minuti.
Quando sono diventate morbide e trasparenti scopritele e fatele colorire leggermente.

Aggiungete successivamente un altro cucchiaio di olio, sale, pepe ed il latte.
Lasciate cuocere per 20 minuti a fuoco lento.
Nel frattempo cuocete gli spaghetti o i ravioli al dente, scolateli e versateli direttamente nella padella facendoli saltare per qualche minuto.

Salsa di mare

DIFFICOLTÀ ELEVATA
TEMPO 1 ORA E 1/2

INGREDIENTI

- scorfano 200 gr
- calamari 150 gr
- gamberi 100 gr
- acqua 1 litro
- grani di pepe 5
- prezzemolo 1 mazzetto
- spicchio d'aglio 1
- olio di oliva 3 cucchiai
- passata di pomodoro 1 tazza
- peperoncino rosso
- sale

PREPARAZIONE

Lavate e pulite con molta cura tutto il pesce. In una pentola versate 1 litro d'acqua, aggiungete i grani di pepe e portate ad eblizione. A questo punto buttate i calamari, dopo circa 10 minuti lo scorfano e i gamberi. Fate bollire per ulteriori 10 minuti; quando il pesce è ben cotto toglietelo dall'acqua. Pulite il pesce tenendo solo la polpa e trasferitelo in una terrina, lavoratelo con una forchetta fino ad ottenere un impasto omogeneo. In una casse-

ruola fate soffriggere un trito d'aglio e prezzemolo con un po' di olio di oliva; aggiungete l'impasto di pesce, una tazza di passata di pomodoro e un pizzico di peperoncino rosso.
Lasciate sobbollire a fuoco lento per circa 30 minuti.
Questa è la salsa indicata per condire sia il riso che la pasta.

Per la salsa di mare

DIFFICOLTÀ MEDIA
TEMPO 1 ORA

INGREDIENTI

- pomodoro passato 300 gr
- spicchi d'aglio 8
- molluschi 200 gr
- pesce lesso diliscato 150 gr
- crostacei per guarnire q.b.
- olio d'oliva q.b.
- sale q.b.
- pepe q.b.

PREPARAZIONE

Passate al frullatore il pesce lessato (anche avanzi) e i molluschi crudi (vongole, cozze) unendo un po' d'olio per rendere agevole l'operazione.
Unite poi nel frullatore il pomodoro passato (fresco o in scatola) e l'aglio.

Versate questa crema densa in una terrina di coccio, accendete il fuoco a fiamma bassa, regolate il sale e pepe e fate scaldare la salsa. Cinque minuti prima di spegnere, unite qualche piccolo crostaceo a piacere, e portate poi in tavola per condire pasta di ogni tipo, ideale per le "trenette" alla ligure o per spaghetti e bucatini.

Con la salsa di mare si ottengono grandi piatti e primi indimenticabili

I CONSIGLI DELLA PENTOLA D'ORO

Salvare la maionese impazzita

La maionese, come tutte le salse emulsionate, può non riuscire, cioè l'uovo e l'olio non si uniscono tra loro e la maionese non diventa solida ma rimane liquida. I motivi di ciò possono essere soprattutto tre: l'uso di uova troppo fredde, l'aggiunta troppo frettolosa dell'olio e una sbattitura non uniforme. Quindi, per una maionese riuscita, conviene togliere le uova dal frigo almeno 2 ore prima, aggiungere l'olio goccia a goccia e sbattere in modo uniforme. Se ciò non basta, non disperate: mettete la salsa in una terrina e cominciate un'altra maionese in un'altra terrina con un uovo solo. Invece dell'olio aggiungetevi a poco a poco la maionese impazzita.

Salsa di paprika

DIFFICOLTÀ ELEVATA
TEMPO 50 MINUTI

INGREDIENTI

- cipolla 1/2
- burro 100 gr
- vino bianco secco 1/2 bicchiere
- farina 00 30 gr
- brodo 1 tazza
- paprika 1 cucchiaino
- sale

PREPARAZIONE

Preparare prima di tutto una tazza di salsa Roux bianca.
Appena la salsa è pronta, fate rosolare in una casseruola 30 gr di burro con la cipolla tritata finemente; appena la cipolla imbiondisce, bagnate col vino bianco e lasciatelo ridurre a metà.
Versate nella casseruola la salsa Roux bianca mescolando bene con un cucchiaio di legno.
Fate cuocere per 10 minuti mescolando in continuazione.
Allontanate dal fuoco la salsa ed aggiungete la paprika in polvere ed il rimanente burro a fiocchetti.

Salsa di pomodoro

DIFFICOLTÀ MEDIA
TEMPO 1/2 ORA

INGREDIENTI

- pomodori San Marzano 1/2 Kg
- cipolla media 1
- olio extra vergine di oliva 2 cucchiai
- sale
- zucchero

PREPARAZIONE

Sbollentate i pomodori, pelateli e tagliateli a pezzi togliendo i semi.
In una casseruola fate friggere la cipolla tritata finemente con l'olio di oliva per qualche minuto; unite i pomodori e un pizzico di sale e lasciate cuocere a fuoco basso senza coperchio per almeno 20 minuti in modo da far evaporare l'acqua dei pomodori.
Al termine della cottura se la salsa dovesse risultare aspra, aggiungete un poco di zucchero.

I CONSIGLI DELLA PENTOLA D'ORO

L'aglio, re in cucina

Non dovrebbe mai mancare in cucina, e nella cucina mediterranea è un vero pilastro, oltre al fatto di avere fama millenaria (dai tempi della Regola Medica Salernitana!) come toccasana contro la pressione alta e il colesterolo. Qui lo proponiamo come "re del sugo" in gustosissime penne, "aglio, olio e peperoncino", e in un piatto di pasta condito con biete, olio, pinoli, e ovviamente aglio.
Per renderlo più digeribile, potrete togliere all'aglio il germoglio centrale, che a volte cresce a dismisura e fuoriesce dallo spicchio. E se proprio ne volete il profumo, e basta, togliere gli spicchi una volta soffritti è una soluzione.

Salsa olandese

DIFFICOLTÀ ELEVATA
TEMPO 1/2 ORA

INGREDIENTI

- uova 2
- acqua fredda 1 cucchiaio
- burro 200 gr
- limone 1
- sale
- pepe

PREPARAZIONE

Separate i tuorli dagli albumi, mettete i tuorli in una casseruola di terracotta aggiungendo un cucchiaio di acqua fredda.
Ponete il recipiente dentro ad una casseruola più grande, riempite quest'ultima d'acqua e ponetela su un fuoco molto basso in modo da non farle prendere ebollizione (cottura a bagnomaria).
Aggiungete ai tuorli il burro poco per volta continuando a mescolare.
Quando tutto il burro si sarà sciolto bene, togliete la casseruola dal fuoco, unite il succo del limone, il sale, il pepe e infine rimettetela sul fuoco sempre cuocendola a bagnomaria fino a quando la salsa non si sarà addensata.

Salsa piccante

DIFFICOLTÀ MEDIA
TEMPO 1/2 ORA

INGREDIENTI

- spicchio di aglio 1
- cipolla media 1
- foglie di basilico 6
- mazzetto di prezzemolo 1
- rametto di rosmarino 1
- peperoncino piccante un pezzetto
- origano 1 cucchiaino
- olio extra vergine di oliva 4 cucchiai
- dado 1/2
- sale

PREPARAZIONE

Pulite e tritate l'aglio e la cipolla, metteteli in una casseruola insieme all'olio e lasciateli rosolare per qualche minuto.
Preparate un trito con il basilico, il prezzemolo, il peperoncino piccante, il rosmarino e l'origano; unite il trito al soffritto e lasciate che si insaporisca, poi diluitelo con un bicchiere di acqua calda in cui avrete sciolto il 1/2 dado.
Mescolate con un cucchiaio di legno e lasciate cuocere per circa 20 minuti a fuoco lento.
Alla fine regolate con il sale.

Salsa rosa

DIFFICOLTÀ MEDIA
TEMPO 1/2 ORA

INGREDIENTI

- concentrato di pomodoro 50 gr
- maionese 3 cucchiai
- panna 3 cucchiai
- succo di 1/2 limone
- sale
- pepe

PREPARAZIONE

In una terrina mescolate la maionese, la panna ed il succo di limone; unite il concentrato di pomodoro mescolando continuamente.
Quanti gli ingredienti saranno ben amalgamati salate e pepate a piacere.

Sugo fagiolini e basilico

DIFFICOLTÀ NESSUNA
TEMPO 1 ORA

INGREDIENTI

- fagiolini 300 gr
- pomodori pelati 250 gr
- aglio 6 spicchi
- olio q.b.
- sale q.b.
- pepe q.b.
- basilico 1 mazzetto

PREPARAZIONE

Lavate i fagiolini e poneteli a rosolare con aglio, olio, pomodori, sale e pepe. Unite un bel mazzetto di basilico ben lavato e tirate a cottura la salsa che deve essere abbastanza densa.
Condite con questo sugo le zite o i bucatini.
Peperoncino facoltativo.

I CONSIGLI DELLA PENTOLA D'ORO

Non solo nei primi

Le salse non sono solo per i primi piatti! Ecco come arricchire un piatto di pesce, con una gustosa salsa al pomodoro, olio, peperone giallo e verde e pepe in grani.
Anche il pesce più... tranquillo ne viene arricchito notevolmente, e certi pesci che non sono troppo saporiti, come il nasello, o i pesci surgelati, che accusiamo di avere meno sapore degli altri, ci guadagnano notevolmente.
Ricordiamoci quindi che una buona salsa o un buon sugo, magari destinato solitamente a condire la pasta, ci può aiutare anche nel condire carni, pesci, sia lessati che fritti (anche sul fritto avanzato una buona salsa ci sta bene).

I CONSIGLI DELLA PENTOLA D'ORO

Non solo nei primi

Queste salse non esauriscono qui il loro compito!
Alcune di queste, spalmate sulla pasta di pane stesa a disco, saranno una "base" eccezionale per pizze e per calzoni.
Basterà poi ricoprirle con il formaggio a piacere (mozzarella, fontina a fettine, ricotta o parmigiano grattugiato), irrorare il tutto con un filo di ottimo olio di oliva e passare nel forno, per ottenere pizze dai gusti nuovi e prelibati.
Per quanto riguarda i calzoni, uno dei segreti è quello di spalmarli esternamente con una salsa (anche di semplice pomodoro) prima di farcirli e chiuderli, perché altrimenti seccherebbero troppo una volta messi nel forno.

Tartara

DIFFICOLTÀ MEDIA
TEMPO 1/2 ORA

INGREDIENTI

- uova sode 3
- cipolla tritata 1 cucchiaio
- senape 2 cucchiaini
- prezzemolo tritato 1 cucchiaio
- sale
- pepe
- aceto bianco 2 cucchiai
- olio 1/2 tazza

PREPARAZIONE

Per prima cosa fate bollire le uova per 7 minuti (devono risultare ben sode). Raffreddate sotto l'acqua fredda, sgusciatele e separate i tuorli dagli albumi. Tritate i tuorli sodi, trasferiteli in una terrina e schiacciateli con una forchetta. Aggiungetevi la cipolla anch'essa ben tritata, la senape, il sale, il pepe e il prezzemolo pure tritato. Lavorate a lungo per amalgamare perfettamente tra loro gli ingredienti. Quando avrete ottenuto una crema morbida, cominciate a versare l'olio a filo, come per la maionese. Mentre aggiungete l'olio, continuate a mescolare, meglio se con la frusta: la salsa deve risultare ben montata. In ultimo aggiungete l'aceto e quando sarà tutto assorbito unite i bianchi dell'uovo, che avrete precedentemente tritato finemente. Mescolate ancora, assaggiate e se occorresse aggiungete il sale. Anche questa salsa si presta facilmente a delle varianti; se preferite un sapore più deciso e forte potete aggiungere insieme alla cipolla anche un cucchiaio di cetrioli e di capperi tritati. La salsa tartara va accompagnata con carni bollite sia fredde che calde, servita in salsiera.

Vellutata al pomodoro

DIFFICOLTÀ MEDIA
TEMPO 40 MINUTI

INGREDIENTI

- burro 50gr
- fecola 50 gr
- passata di pomodoro 4 cucchiai
- brodo 1 tazza
- sale

PREPARAZIONE

In una casseruola mettete il burro a pezzetti e fatelo sciogliere a fuoco basso; aggiungete la fecola di patate mescolando velocemente in modo da non formare grumi.

Fate attenzione a non far tostare la fecola di patate perché deve restare chiara.
Diluite con del brodo caldo aggiungendolo poco a poco; deve risultare una salsa molto liscia ed omogenea.
Aggiungete 4 cucchiai di passata di pomodoro mescolando bene e fate cuocere per 1/2 ora a fuoco lento.
La salsa non deve bollire, ma sobbollire adagio.
La salsa deve essere continuamente mescolata.

Indice generale

Premessa	pag.	3
Bagna cauda	"	5
Béchamel classica	"	6
Burro alla maitre d'hotel	"	7
Burro con uova d'aringa	"	8
Burro e ricotta	"	8
Carbonara	"	9
Crema al limone	"	10
Crema diavocado	"	10
Crema di noci	"	10
Chutney di prugne	"	11
Maionese	"	12
Maionese gelatinata	"	12
Pesto classico	"	13
Ragù	"	16
Ragù ai funghi	"	16
Ragù alla bolognese	"	18
Ragù alla ortolana	"	20
Ragù al marsala	"	22
Roux bianco, biondo e bruno	"	21
Salsa ai carciofi	"	26
Salsa aiolì	"	26
Salsa al cognac	"	27
Salsa ai gamberetti	"	28
salsa ai granchi	"	28

Salsa al curry	pag.	30
Salsa al gorgonzola	"	30
Salsa alle nocciole	"	31
Salsa alla finanziera	"	31
Salsa alle erbe	"	32
Salsa alla mela	"	34
Salsa alla senape	"	34
Salsa bianca piccante	"	35
Salsa al mascarpone	"	36
Salsa al pollo	"	37
Salsa al vino rosso	"	38
Salsa Aurora	"	39
Salsa champagne per pesci e uova	"	40
Salsa Chantilly	"	40
Salsa Colbert	"	41
Salsa con acciughe	"	41
Salsa con le noci	"	43
Salsa verde	"	43
Salsa diablotin	"	44
Salsa di ciliegie	"	44
Salsa di magro	"	45
Salsa di mirtilli	"	45
Salsa di prugne	"	46
Salsa esotica Pili Pili	"	46
Salsa al whisky	"	47

Salsa di cipolle	pag.	49
Salsa di mare	"	49
Per la salsa di mare	"	51
Salsa di paprika	"	54
Salsa di pomodoro	"	54
Salsa olandese	"	55
Salsa piccante	"	56
Salsa rosa	"	56
Sugo ai fagiolini e basilico	"	58
Tartara	"	60
Vellutata al pomodoro	"	61

Praktische Tipps A–Z
Harar, Dire Dawa und Danakil-Ebene

Land und Leute
Süd- und Südostäthiopien

Addis Abeba
Südwestäthiopien

Die Provinz Shoa
Anhang

Gojam und Tana-See
Kartenatlas

Gondar/Begemder

Wollo, Lasta und Wag

Die Provinz Tigray

eth07_001 Foto: kh